AF240010

LES AMIS

DE LA LIBERTÉ ET DE L'ÉGALITÉ

DE BLOIS,

À leurs Frères du département de Loir et Cher,

SALUT, AMITIÉ, CORDIALITÉ.

L'ATTÈNTE des bons Français est remplie : une constitution populaire est présentée à l'acceptation nationale ; les avantages qu'elle
nous garantit sont immenses. En vain les ennemis de la patrie
s'armeront de la calomnie pour la discréditer. La vérité dans la
bouche des Républicains y fera voir la fin de nos agitations révo-
lutionnaires, le gage de la paix et le fondement du bonheur
public.

Peuple ! tes droits te sont assurés ; déjà tes ennemis cessent de
te les contester : tel est le prix de ton courage à les soutenir.
Surveilles-en la conservation comme celle du dépôt le plus cher ;
les négliger un insant, c'est les perdre pour toujours. Qu'ils soient
la regle à laquelle tu rapportes les loix anciennes et les nouvelles,
et toutes les opérations de tes mandataires. Rejettes fierement tout
projet de loi qui ne seroit pas conforme à ces principes de toute
bonne législation. Blâmes courageusement tout acte administratif
ou judiciaire contraire à ces maximes qui doivent diriger tes
magistrats. L'homme libre est jaloux de sa liberté jusqu'à l'into-
lérance. Sa patience rameneroit les abus et le replongeroit dans

A

la servitude. Il ne faut pas moins de courage pour conserver les droits de l'homme, que pour les conquérir. Français! songe à ce qu'ils t'ont coûté, à ce qu'ils valent, au compte que t'en demandera la postérité.

Nous n'essayerons point de développer la déclaration des droits de l'homme et du citoyen; le peuple a plusieurs fois prouvé combien il les avoit sentis, combien il les aime; chaque article de la constitution y rappelle. La nouvelle rédaction, plus simple que l'ancienne, les mettra plus à portée de tous les esprits. Nous parcourrons seulement les points principaux de l'acte constitutionnel.

La France est république : elle est donc débarrassée du mal des rois. Un homme ne demandera plus à des républicains français leur or pour assouvir son luxe, leurs fers pour en forger des chaînes, leurs bras pour les leur attacher. Quatorze siecles de vexations pécuniaires, de guerres meurtrieres, de servitude enfin, nous ont assez appris ce qu'est le gouvernement royal. On ne cherchera plus sans doute à nous faire croire que la royauté et la liberté sont compatibles. Les trahisons innombrables du dernier de nos rois nous ont ouvert les yeux sur les crimes de ses prédécesseurs, dont le meilleur est encore un voluptueux et un barbare. Le gouvernement d'un seul, en supposant un être d'une nature supérieure, ne suppose-t-il pas une chimere? Un peuple n'est-il donc qu'un vil troupeau que son maître conduit à son gré au travail ou à la boucherie? Une nation éclairée ne peut être régie par des maximes qui sont des préjugés. La France va se gouverner suivant les principes de la raison et de l'intérêt public, qui sont les seuls garans de la prospérité des empires.

L'unité de notre République est le fondement de sa durée. Qu'il est beau de voir vingt-cinq millions d'hommes mettre en commun leurs forces, leurs biens et leurs vies, pour jouir d'un bonheur égal sous les auspices de la liberté ! Quelle masse imposante de puissance, de richesses et de lumieres, offertes au régime nouveau pour les vivifier, les multiplier et en composer le bonheur du peuple ! Quel est l'homme qui ne se sente pas intéressé à faire partie d'un tout aussi solide , et qui n'aimât mieux s'incorporer à la République de France, qu'à celle de Genêve ? On a dit que le gouvernement républicain n'étoit point fait pour une grande nation ; mais on n'a point essayé de le prouver. Nous attendrons des preuves avant de combattre l'assertion. L'histoire, il est vrai, ne nous offre aucun exemple de grandes républiques, mais elle ne nous montre de peuples heureux que les peuples républicains. Cependant, nos principes de gouvernement ne sont point nouveaux , puisque rien n'est si ancien que la raison et les droits de l'homme.

Nous ne redoutons pas plus les sophismes que l'on fait contre l'étendue de notre République, que les intrigues tramées pour la diviser. Chaque patriote, de bonne foi, sait que la France a besoin de former un tout, pour résister à la ligue des rois armés contre sa liberté. Le gouvernement fédératif a dû paroître avantageux à des peuples qui avoient des privileges à conserver. Mais quel avantage présenteroit cette forme de gouvernement aux diverses sections d'un peuple qui jouit d'une liberté illimitée ? Fédéralistes ! quel dégré de liberté voulez-vous pour un département qui ne soit assuré par les loix à toute la République ? Sont-ce des loix locales ? Mais les principes des bonnes loix sont les mêmes pour tous les pays ; mais les législatures ont laissé, dans les cas nécessaires, une juste latitude aux administrations ; mais les décrets modifieront à l'avenir les loix , pour les accommoder à toutes les localités. Vous avez l'ambition de ce tyran qui détruisit la république romaine ; il eût mieux aimé, disoit-il , être le premier dans un village, que le second à Rome ; et vous, vous aimeriez mieux être de petits rois dans votre petit pays, que de simples citoyens dans la République française. Eh bien ! le peuple connoît vos projets, vous ne serez ni rois , ni citoyens, et la République fleurira une et indivisible.

Peuple ! dans la premiere constitution, on ne fit mention de toi

que pour s'éviter le reproche de t'avoir oublié. On ne te présen-
toit tes droits d'une main , que pour te les retirer de l'autre , et
les prostituer au préjugé de la royauté, à l'homme le plus sot, le
plus perfide qui fût dans tout l'empire. Cette constitution ne sembloit faite que pour le roi; elle outrageoit la raison pour donner
à sa personne l'inviolabilité , et à sa famille l'hérédité du trône;
elle lui fournissoit tous les moyens de corruption et d'asservisse-
ment, et jusqu'à des armes pour la détruire. La constitution nouvelle ne s'occupe que du peuple , ses droits y sont par-tout res-
pectés et mis en loix : chaque article a pour but d'améliorer son
sort.

Le peuple est distribué de la maniere la plus avantageuse
pour l'exercice de sa souveraineté. La plupart des citoyens pourront, sans se déplacer, se donner des loix et des magistrats.

La constitution établit des autorités rapprochées , simples et
paternelles, sous le nom de municipalités , des administrations
préparatoires et consultatives dans les districts et dans les dépar-
temens , des juges qui redressent les fautes des agens inférieurs
et décident des affaires générales.

Sous le regne de la liberté , il ne faut, pour être citoyen,
qu'être né français, ou l'être devenu par la résidence, ou par des
actes d'humanité. Il ne faut, pour pouvoir exercer des fonctions
publiques, ni naissance , ni grade , ni fortune ; les talens, les
vertus, la capacité, sont les seules qualités qu'exigent la loi, la
raison et le peuple , pour être appellé à servir son pays.

Nos représentans ont éloigné de la constitution jusqu'au nom
de la noblesse , parce qu'ils savent que déjà elle ne rappelle aux
Français que des idées de ridicules et des sentimens de mépris.
Ainsi, les institutions fondées sur les préjugés, celles même qui
paroissent être une seconde nature , ne sont pas plutôt montrées
à la raison publique , et abolies par la loi, que le souvenir en
paroît suranné , et leur existence une chimere. La souveraineté
nationale n'étoit dans l'ancienne constitution qu'une reine dé-
trônée ; dans la nouvelle , elle est rendue à sa toute-puissance·

En vain les hommes que la pauvreté privoit de payer une modique contribution, ou réduisoit à la domesticité, exerçoient toutes les vertus morales et civiques; ils n'étoient point membres du souverain, mais ses esclaves, puisqu'ils en recevoient la loi. Aujourd'hui, l'indigence s'assied à côté du riche, lui donne ou lui refuse librement son suffrage, partage avec lui les grandeurs, les faveurs politiques, et tous les avantages de la société.

Le peuple nomme lui-même les premiers magistrats de la République, ceux qui doivent préparer les loix, rendre les décrets et faire ses destinées; son bonheur est entre ses mains, il est responsable de ses maux politiques, et ne peut les attribuer qu'à ses mauvais choix. La sagesse de la constitution a reglé qu'il n'éliroit pas immédiatement ses administrateurs ni ses juges, parce que les citoyens qui vivent de leur industrie, ne pouvant assister à de longues assemblées, les choix n'eussent pas été le résultat du vœu général. Le peuple s'en remettra de la nomination de ses administrateurs et de ses juges, à des électeurs revêtus de sa confiance et de ses pouvoirs.

Mais ce qui ne peut-être assez apprécié; ce qui distingue la nouvelle constitution de toutes celles qui ont été créées ou imaginées jusqu'à ce jour, c'est le droit de délibérer sur les loix, de les accepter ou de les rejetter. Il est donc résolu le problême de la démocratie, et nous allons avoir, suivant Rousseau, le gouvernement des dieux. Les assemblées législatives méditeront les loix; elles les soumettront au peuple, sous le nom de projets, et la sanction du peuple en fera des loix. La volonté de nos délégués ne sera plus mise à la place de la nôtre. La loi ne sera plus le vœu présumé, mais le vœu certain de la nation. Dès-lors, quel caractere de grandeur et de majesté va prendre la loi? Hommes érudits, apprenez-nous quels siecles et quels peuples virent jamais des loix qui fussent l'expression de la volonté de 25 millions d'hommes? Quel est le français qui ne se laissera pas imposer par cette volonté et concévroit des pensées de résistance? la loi qui sera la voix du peuple, sera pour chaque citoyen la voix de la divinité.

Les deux modes de suffrages laissent aux votans une utile liberté. L'homme courageux et indépendant proclamera son vœu. L'homme timide et subordonné le confiera au secret de l'urne : ainsi tous les intérêts seront ménagés , et toutes les opinions satisfaites.

Par quel excès de déraison avoit-on imaginé de faire représenter dans une assemblée législative la richesse et le territoire à l'égal des personnes ? La population devoit être et sera la seule base de la représentation nationale.

Il ne sera plus de secret pour le peuple ; ses mandataires de tout genre délibereront en sa présence. Il verra sous ses yeux la loi naître , se façonner , se parfaire , et quand sa sanction lui aura donné la vie , il en surveillera l'exécution. La publicité des opérations administratives lui fera connoître ceux de ses administrateurs qui sont dignes de sa confiance. Qu'il ne craigne point de manifester son opinion sur l'ignorance , l'impéritie et la perversité des uns , comme sur les lumieres , les talens et la probité des autres. Puisse l'œil severe du peuple inspirer à la foule des hommes ineptes la crainte des places ! et si l'orgueil et l'intérêt refusent de prêter l'oreille à la vérité , c'est au peuple à les forcer de l'entendre.

Sur tout ce qui doit porter le caractere de loi , le corps législatif propose au souverain , et le souverain accepte par son silence , ou rejette par un refus de sanction. Sur ce qui regle l'administration générale de l'État , le corps législatif rend des ordonnances qui portent le nom de décrets. Ainsi la puissance du conseil exécutif ne sera point redoutable à la liberté ; le corps législatif conservera sur lui une prépondérance bien marquée ; nous serons gouvernés par un pouvoir unique , qui maintiendra l'union indivisible de toutes les parties du corps social.

Enfin elle est terrassée l'hydre de la chicane. La premiere assemblée nationale avoit coupé plusieurs de ses têtes, qui s'étoient aussitôt reproduites , moins hideuses d'abord , mais plus cruelles. La convention a exterminé le monstre. Les citoyens pourront se nommer des arbitres dans toutes leurs contestations. Les juges de paix seront conservés et leurs opérations simplifiées ; des arbitres publics remplaceront les juges des tribunaux , jugeront sans plaidoyers, sans procédures et sans frais. Le nom de procès sera effacé de notre langue, et ne rappellera plus que la rapacité dévorante des vautours de l'espece humaine. Une difficulté , au lieu d'être embrouillée par les artifices d'un homme de loi , sera promptement éclaircie et vidée par un juge qui sera un ami. Citoyens, dès que vous prévoyez une contestation entre vous et votre frere , que votre conscience soit votre premier conseil ; que votre justice balance les deux intérêts opposés ; que votre raison soit votre juge. Faites des sacrifices à la paix , elle est le premier bien après la liberté. Si vous êtes forcé de prendre un arbitre , hâtez-vous de mettre à profit son bienfaisant ministere. Si quelqu'un est assez corrompu pour employer les délais et les autres moyens de la ruse , l'opinion qui a les yeux ouverts sur tous les individus, le proclamera mauvais citoyen.

Les accusés de délits criminels continueront d'être soumis au jugement de leurs pairs. Déjà le peuple a fait l'heureuse expérience de l'insitution des jurés : il sait assez combien, sans favoriser le crime , elle est propice à l'innocence.

La convention s'est trouvée sur le bord d'un écueil. Il sembloit juste d'exempter l'homme sans fortune de toute contribution publique. On avoit l'exemple de la république romaine; mais en l'imitant, on divisoit les citoyens en deux classes , on établissoit une distinction humiliante, une partie des français devenoit esclave de l'autre. La constitution s'est confiée à la générosité et au patriotisme des Français ; elle porte que nul citoyen n'est dispensé de l'honorable obligation de contribuer aux charges publiques.

Dans un état où tous les citoyens sont une portion du souverain , chacun d'eux est intéressé au maintien de la loi ; c'est pour tous un droit et un devoir de la défendre. La force générale doit être composée du peuple entier : elle est telle dans la République française. Parmi nous tout citoyen est soldat, et tout soldat citoyen.

La force publique, par sa composition, inspire autant de confiance aux bons, que de crainte aux méchans ; mais pour opposer une barriere aux abus d'un instrument aussi dangereux,, elle ne sera mise en usage que par les agens de l'autorité civile.

Il ne sera pas celui du peuple français, ce pr jug: qui a porté tous les peuples à croire que leur gouvernement étoit le plus parfait possible. Nos philosophes ont senti que les institutions politiques devoient s'accommoder aux temps, aux lumieres et aux mœurs. C'est l'attachement des peuples républicains à des loix surannées qui a causé leur ruine. La superstition de la loi est aussi dangereuse que toute autre superstition. Tant qu'une loi subsiste, le citoyen doit courber sa tête sous son autorité ; mais dès qu'il y trouve des vices, il doit en demander la réforme. L'art du gouvernement, aujourd'hui dans son enfance, est, comme tous les autres, susceptible de perfectionnement. La paix publique exige également qu'on ne fasse des changemens dans l'acte constitutionnel qu'avec circonspection, et qu'on ne le regarde point comme un monument immuable. Ceux qui confondent tout changement dans les loix avec le passage violent de la tyrannie à la liberté, sont ou des hommes irrefléchis, ou des perfides, qui esperent avec le temps opprimer leurs concitoyens, en abusant adroitement des loix les plus populaires.

Les Français ont formé un pacte éternel avec la liberté, en jurant de s'ensevelir sous ses ruines, plutôt que de redevenir esclaves. Ils se déclarent les amis et les alliés naturels des peuples libres ; ces amis et ces alliés ne sont encore qu'en petit nombre ; les Suisses et les Anglo-Américains sont les seuls qui en méritent le titre. La prospérité de notre République excitera les peuples à suivre notre exemple. L'Europe opprimée attendoit qu'une grande nation lui traçât la route, et cet honneur étoit réservé à la plus éclairée des nations.

Peuples, brisez vos chaînes, punissez vos tyrans ; ils ne trouveront aucun appui dans notre gouvernement, et vous serez nos alliés et nos amis.

(9)

Que cependant vos despotes ne pensent point que nous décla-
rons ne vouloir nous immiscer dans aucun gouvernement pour
rassurer leurs craintes ou calmer leurs fureurs. La souveraineté
est réciproque; les nations, comme le familles, doivent vivre indé-
pendantes ; mais si le peuple Français promet de ne point s'immiscer dans les gouvernemens étrangers, il châtiera séverement
les rois qui s'immisceroient dans le sien.

O vous ! vénérables victimes de la liberté, que le despotisme
proscrit, parce qu'il n'a pu vous immoler; la France est votre
patrie tout Français est votre ami, chaque famille brigue l'honneur de vous adopter. Jadis la France étoit l'asyle des rois dé-
trônés, maintenant elle n'a plus pour les tyrans d'autre asyle
que l'échafaud; elle regarderoit un roi fugitif comme un lion
échappé de son repaire, dont la sûreté commune ordonne la
plus prompte destruction. La commisération nationale est toute
entiere pour les opprimés ; nous laissons les rois s'attendrir sur
leurs pareils; notre sensibilité est épuisée par les maux qu'ils font
au monde.

Le peuple Français ne fait point la paix avec un ennemi qui
occupe son territoire; s'il n'a point fait de traité avec la victoire,
il en a fait un avec la mort. Les Romains ne recevoient jamais
les propositions de paix d'un ennemi vainqueur; les Français
ne traiteront jamais avec quiconque ne reconnoîtra pas la souveraineté et l'indépendance nationale.

La constitution garantit aux Français tous les avantages de l'état
de nature et de l'état de civilisation, l'égalité, qui est la base de toute
loi juste et humaine, la liberté qui consiste à pouvoir faire tout ce
qui ne nuit pas à autrui, la sûreté qui est fondée sur la protection
publique, la propriété, c'est-à-dire, les personnes, les biens, l'industrie de chaque citoyen. Les bonnes loix de notre République
cautionneront les propriétés d'une maniere non moins certaine,
que les ordres arbitraires de la tyrannie. Elles les diviseront, sans
violer la justice, et la fable de la loi agraire s'évanouira avec
ses perfides inventeurs.

Les contre-révolutionnaires ne se lassent point d'annoncer une banqueroute nationale, la constitution garantit même à ces ingrats la dette publique, qui étoit déjà assurée par les ressources, l'intérêt et la loyauté des Français.

Ici le fanatisme sera forcé de se trouver en défaut : le libre exercice des cultes est maintenu ; il n'a de bornes que la violation de l'ordre public.

Une instruction commune est assurée à tous les citoyens ; chacun d'eux connoîtra ses droits et ses devoirs, pourra conduire lui-même ses affaires et saura exercer un des arts de premier besoin ; l'éducation républicaine développera également les facultés physiques et morales ; elle mettra le fils du pauvre à même de se rendre capable de toutes les fonctions, et prouvera que les grands talens naissent aussi souvent sous le chaume que dans les palais. L'ignorance nous avoit fait esclaves, des demi-connoissances nous ont rendus à la liberté, des lumieres plus étendues la conserveront et en perfectionneront la jouissance.

Les bienfaits envers les malheureux ne sont pas une grace, mais une dette. Telle est la morale de la République. La nation ira au-devant de l'indigence ; elle préviendra ses besoins ; les secours ne seront plus ni dépendans de la charité de quelques individus, ni accordés seulement à la faveur des recommandations, ni d'une insuffisance qui en faisoit de nouveaux maux. La mendicité sera abolie, et la prévoyance des magistrats fera plus que secourir les malheureux, en empêchant beaucoup de citoyens de le devenir.

La presse ne pouvoit recevoir aucune limite, sans mettre la liberté en danger. La France ne pourra redevenir esclave, tant que 25 millions d'hommes libres se communiqueront leurs pensées. Ceux qui craignent la liberté de la presse, ont à cacher des vices ou des crimes.

Il sera toujours permis au citoyen Français d'adresser des pétitions à ses magistrats ; demander une chose juste, sous le regne de l'opinion, c'est l'obtenir.

. . Les sociétés populaires qui ont créé la liberté, soutiendront leur ouvrage ; le feu de l'esprit public ne s'entretient que dans les grandes assemblées. C'est là que les talens se déploient, que les passions se découvrent, que le peuple apprend à distinguer ses amis de ses ennemis. Le jour où les Français cesseroient de se réunir pour veiller à la conservation de leurs droits, ils les auroient perdus sans retour. Leur insouciance annulleroit la garantie constitutionnelle. Cette garantie sera soutenue par cette affection forte qui attacha toujours les peuples libres au dépôt sacré de leurs droits.

La nation qui fonde son gouvernement sur la morale, donne à chacun de ses membres les premiers exemples de vertu. La République française honore la loyauté, parce que la droiture et la franchise sont les premieres des vertus privées ; le courage parce qu'il est le boulevard de l'Etat ; la vieillesse, parce que sa foiblesse se recommande à l'humanité ; la piété filiale, parce que cette vertu est le plus bel hommage de la reconnoissance ; le malheur, parce qu'il mérite également notre respect et nos secours.

La déclaration des droits et l'acte constitutionnel sont gravés sur des tables, au sein du corps législatif et dans les places publiques.

Lorsque l'expérience aura prouvé au peuple Français la bonté de sa constitution, son attachement pour elle égalera ses bienfaits ; mais toujours il se ralliera autour d'elle comme autour de l'arche sainte, du garant de ses droits et de la regle de ses devoirs. Sa devise est LIBERTÉ, ÉGALITÉ, CONSTITUTION, RÉPUBLIQUE, une et indivisible.

Un membre de la société populaire ayant donné lecture de la présente instruction, il a été arrêté que le département seroit prié d'en accorder l'impression et l'envoi à toutes les communes de son arrondissement.

VU par le conseil général du département de Loir et Cher, l'Adresse en forme d'instruction des amis de l'égalité et de la liberté de Blois à leurs freres du département, et lue cejourd'hui à l'administration ; il a été arrêté, sur les conclusions du procureur - général - syndic, qu'elle sera imprimée aux frais des administrés, jusqu'à concurrence de mille exemplaires *in-4°*, pour être desuite envoyée à toutes les communes du ressort, et pour y être lue par les curés constitutionnels, pendant deux dimanches consécutifs, aux prônes des messes paroissiales. Il est expressément recommandé auxdits curés ou vicaires de ne point surseoir à cette lecture ; et pour justifier de leur diligence à cet égard, ils seront tenus d'en certifier l'exécution par une attestation signée d'eux, duement visée par les officiers municipaux, et adressée au procureur-syndic de chaque district, qui la fera passer au procureur-général-syndic du département. Tous les bons citoyens devant être empressés à se pénétrer de l'instruction qui leur est présentée par la société populaire de Blois, sont invités à dénoncer tous ceux des ministres du culte catholique qui, par insouciance ou autres motifs, auroient négligé de leur faire au prône la lecture ci-devant ordonnée.

Fait et arrêté en conseil général du département. A Blois, le 12 Juillet 1793, l'an second de la République une et indivisible.

Signé au Registre, BARDON, président.

LESAGE-AMAURY, secrétaire-général par *interim*.

Collationné,

LESAGE-AMAURY, secrétaire-général par *interim*.

A BLOIS, de l'Imprimerie Nationale du Département de Loir et Cher, chez J. F. BILLAULT. 1793.

9 782329 058054